BEI GRIN MACHT SICH IHR
WISSEN BEZAHLT

- Wir veröffentlichen Ihre Hausarbeit,
  Bachelor- und Masterarbeit

- Ihr eigenes eBook und Buch -
  weltweit in allen wichtigen Shops

- Verdienen Sie an jedem Verkauf

Jetzt bei www.GRIN.com hochladen
und kostenlos publizieren

Bibliografische Information der Deutschen Nationalbibliothek:

Die Deutsche Bibliothek verzeichnet diese Publikation in der Deutschen National-bibliografie; detaillierte bibliografische Daten sind im Internet über http://dnb.d-nb.de/ abrufbar.

Impressum:

Copyright © 2018 GRIN Verlag
Druck und Bindung: Books on Demand GmbH, Norderstedt Germany
ISBN: 9783346059109

Dieses Buch bei GRIN:

https://www.grin.com/document/507022

Zeno Behm

Trainingsplan für einen 29-jährigen Mann zur Fettreduktion und Ausdauersteigerung

GRIN Verlag

GRIN - Your knowledge has value

Der GRIN Verlag publiziert seit 1998 wissenschaftliche Arbeiten von Studenten, Hochschullehrern und anderen Akademikern als eBook und gedrucktes Buch. Die Verlagswebsite www.grin.com ist die ideale Plattform zur Veröffentlichung von Hausarbeiten, Abschlussarbeiten, wissenschaftlichen Aufsätzen, Dissertationen und Fachbüchern.

Besuchen Sie uns im Internet:

http://www.grin.com/

http://www.facebook.com/grincom

http://www.twitter.com/grin_com

Deutsche Hochschule für

Prävention und Gesundheitsmanagement

Hermann Neuberger Sportschule 3

66123 Saarbrücken

Einsendeaufgabe

Fachmodul:	Trainingslehre 2
Studiengang:	Bachelor Gesundheitsmanagement
Datum **Präsenzphase**	**12.-14.11.2018**
Name, Vorname:	Behm,Zeno
Studienort:	**Hamburg**
Semester:	**WS. 2017**

Inhaltsverzeichnis

1. Diagnose

1.1 Allgemeine und biometrische Daten

Zu Beginn werden die biometrischen Daten eines Kunden aufgenommen um seinen momentanen Zustand und seine zukünftigen Ziele zu ermitteln.

Tabelle 1: Allgemeine Daten der Testperson

Alter	29 Jahre
Geschlecht	Männlich
Körpergröße	1,83 Meter
Körpergewicht	87 Kilogramm
Trainingsmotive	Der Kunde möchte seinen Fettanteil um 4 Prozent senken und hat dafür ein halbes Jahr Zeit. Zudem möchte er im nächsten Jahr 10 Kilometer in einer Zeit von unter 43 Minuten laufen. Zurzeit läuft er 47 Minuten auf 10 Kilometer. Sein Ziel ist es zusätzlich nach seiner vollständigen Genesung wieder ein hohes Maß an Ausdauerleistung hervorrufen zu können.
Berufliche Tätigkeit	Fitnesstrainer und Student
ktuelle sportliche Aktivität und Leistungszustand	Moderates Fitness und Ausdauertraining mit dem Ziel 200 Kilokalorien pro Training zu verbrennen 7/ die Woche. Der Kunde hat den Leistungszustand eines Fortgeschrittenen.
Frühere sportliche Aktivität	Als Kind im Judo- und Fußballverein, im Jugendalter beim Kickboxen und ab dem Alter von 18 Jahren Fitness 3/ die Woche für 5 Jahre. Anschließend Crossfit für 2 Jahre.Seit 2 Jahren am Handgelenk verletzt, somit nur sehr moderates Fitnesstraining.
Zeitlicher Rahmen	3/ die Woche für jeweils 75 Minuten
Allgemeiner Leistungszustand	Kunde hat in beiden Handgelenken Schmerzen durch beidseitige Überlänge der Elle.Eine Seite wurde bisher behoben,allerdings beträgt die Heilungsdauer laut Arzt bis zu einem Jahr. Die Operation fand im Mai diesen Jahres statt. Der Kunde nimmt derzeit keine Medikamente. Der Arzt verordnet nur maximal einmaliges Laufen/Woche.

Da die oben beschriebenen Daten nicht messbar sind und nur bedingt aussagekräftig, werden zusätzlich noch biometrische Tests absolviert um mit messbaren Daten die zukünftige Trainingsplanung zu gestalten. Die Ergebnisse sind der untenstehenden Tabelle zu entnehmen.

Tabelle 2: Biometrische Daten der Testperson

Test	Testergebnis	Normwert	Gesamtergebnis
Blutdruck (Blutdruck-messgerät)	119/79 mmHg	Nach WHO liegt der optimale Bereich des Blutdrucks bei < 120/ < 80 mmHg	Das Ergebnis liegt im optimalen Bereich
Ruhepuls (Blutdruck-messgerät)	50 Schläge pro Minute	Für Erwachsene gelten Normwerte zwischen 60-80 Schlägen die Minute (Weineck, 2004, S.50)	Der Ruhepuls liegt unter dem Normwert der WHO welcher typisch für trainierte Sportler ist
Prozentualer Körperfettanteil (Caliperzange)	13,5 Prozent	Zwischen 8-20 Prozent sind normal (Gallagher et al. 2000, S. 694)	Der Prozentuale Fettanteil ist im normalen Bereich
Body-Mass-Index	26	Der Normwert liegt laut der WHO im Bereich 18,5-24,9	Der Kunde liegt im leicht prä-adipösen Bereich, allerdings werden bei diesem Test keine Muskelmasse und andere Gegebenheiten berücksichtigt

Tabelle 3: Werte des Blutdrucks (WHO,2000)

Klassifizierung	Systolisch (mmHg)	Diastolisch (mmHg)
Optimaler Blutdruck	< 120	< 80
Normaler Blutdruck	120-129	80-84
Hoch-normaler Blutdruck	130-139	85-89
Milde Hypertonie (Stufe 1)	140-159	90-99
Mittlere Hypertonie (Stufe 2)	160-179	100-109
Schwere Hypertonie (Stufe 3)	>180	>110

Legende: Hypertonie = Bluthochdruck

1.2 Leistungsdiagnostik/Ausdauertestung

Um sich einen Eindruck bezüglich der Leistung des Kunden machen zu können wird eine Leistungsdiagnostik bzw. Ausdauertestung durchgeführt in dem der momentane Zustand des Kunden ermittelt werden kann. Der Proband hat eine fortschrittliche Trainingserfahrung, ist zwar im Handgelenksbereich eingeschränkt aber kann einen fortgeschrittenen Fahrradergometertest durchführen. In einem Ausdauertestverfahren wird mit der Ergometrie gemessen. „Unter Ergometrie versteht man die quantitative Messung und Beurteilung der körperlichen Leistungsfähigkeit und Belastbarkeit von Gesunden und Kranken.Die Ergometrie erfolgt mit einer definierten Belastung, sie soll reproduzierbar sein, dosierbar, vergleichbar und objektiv. Die Ergometrie setzt, wie eine vergleichbare Labormethode, ein standardisiertes Vorgehen mit Qualitätskontrolle voraus" (Löllgen et al. 2010, S. 4). Es gibt für jeden Leistungszustand ein geeignetes Testverfahren. Dieser Proband wird den Vita-Maxima Test durchführen.

1.2.1 Begründung

Da der Proband eine fortgeschrittene Trainingserfahrung hat, wurde hierzu der Vita Maxima Test herangezogen. Nach seinem Ruhepuls und seinem Blutdruck zu urteilen verfügt er über eine gute sportliche Physis die es ihm unter anderem auch erlaubt mit dem Puls nach oben zu gehen. Somit keine Einschränkung bei der Durchführung. Durch seine Erfahrung im CrossFit weiss er wie es ist an seine Grenzen zu gehen und bis zur Erschöpfung zu trainieren. Dieser Test wurde zusätzlich ausgewählt um auch seine Pulsobergrenze zu erreichen da bei den anderen Tests die Gefahr bestehen könnte zu früh zum Schluss zu kommen.

Tabelle 4: Vita-Maxima-Test an einem Fahrradergometer

Parameter		
Alter: 29 Jahre **Pulsobergrenze:** 171 S/min **Geschlecht:** Männlich **Stufendauer:** 03:00 min **Gewicht:** 87 Kilogramm **Belastungssteigerung:** 50 Watt **Ruhepuls:** 50 S/min **Startbelastung:** 100 Watt **Trittfrequenz:** 80-100 Umdrehungen/Min		

Protokoll			
Zeit:	Watt:	Herzfrequenz 1	Herzfrequenz 2	Herzfrequenz 3
---	---	---	---	---
00:00-03:00	100 Watt	105 S/min	110 S/min	115 S/min
03:00-06:00	150 Watt	117 S/min	121 S/min	125 S/min
06:00-09:00	200 Watt	128 S/min	133 S/min	137 S/min
09:00-12:00	250 Watt	140 S/min	145 S/min	150 S/min
12:00-15:00	300 Watt	156 S/min	160 S/min	163 S/min
15:00-18:00	350 Watt	169 S/min	172 S/min	177 S/min

Abbruch des Tests wegen zu starker Erschöpfung

Ergebnis	
Gesamtbelastung:	300 Watt
Testgröße:	300 Watt / 87 Kilogramm = 3,44 Watt pro Kilogramm Körpergewicht
Maximalbelastung:	177 S/min

1.2.3 Ergebnisauswertung

Der Test konnte bis zu Minute 18 ohne überschreiten der Pulsobergrenze durchgeführt werden. Ab Minute 18 wurde die Pulsobergrenze überschritten da die Trittfrequenz des Probanden nicht mehr ausreichend war. Durch das Überschreiten der Pulsgrenze wurde der Test abgebrochen. Das Ergebnis ist eine Soll-Watt-Leistung von 3,44 Watt pro Kilogramm Körpergewicht. Die Leistung des Probanden ist die Leistung eines durchschnittliche Ausdauerleistungsfähigkeit eines Normalbürgers.

1.3 Gesundheits- und Leistungsstatus der Person

Der Proband hat im Testergebnis die Werte eines Normalbürgers. Einschränkungen sind zurzeit in seinem Handgelenk vorhanden weshalb er auch nur begrenzt Laufeinheiten absolvieren darf. Da er in keiner Behandlung ist bzw. auch keine Medikation erhält ist er im Ausdauerbereich vollumfänglich einsetzbar.Trotz des BMI von 26 ist er mit einem Körperfettgehalt von 13,5 Prozent gesund und kann trainiert werden. Der Kunde empfindet seinen Trainingszustand als sehr unbefriedigend da er immer davon ausgegangen ist ein sehr sportlicher und fitter Mensch zu sein.

2 Zielsetzung/Prognose

Jeder Mensch hat Ziele und möchte diese auch erreichen. Durch eine Konkretisierung der Ziele kann man diese dann auch datieren und festhalten. Diese Ziele werden nach Inhalt, ausmaß und Zeit gemessen um eine möglichst genaue Zieldefinition zu gewährleisten.

Tabelle 5: Zielsetzung und Begründung

Ziel 1:		
Inhalt:	**Ausmaß:**	**Zeit:**
Körperfettreduktion um 4 %	3,48 Kilogramm	6 Monate
Begründung:		
Der Kunde möchte seinen Körperfettanteil um 4% seines jetzigen Gewichtes senken. Das entspräche 3,48 Kilogramm seiner 87 Kilogramm. Er empfindet seinen für ihn zu hohen Fettgehalt als „Performancehindernis", da Fett für ihn ein notwendiges Übel darstellt.		
Ziel 2:		
Inhalt:	**Ausmaß:**	**Zeit:**
Verbesserung der 10 Kilometer Zeit	4 Minuten	6 Monate
Begründung:		
Der Kunde ist bei seinem letzten 10 Kilometerlauf eine für ihn nicht zufriedenstellende Zeit von 47 Minuten gelaufen. Sein Ziel im nächsten 10 Kilometerlauf ist es 43 Minuten zu brauchen. Daher ist es das abgesprochene Ziel durchgängig 04:30 pro Kilometer zu laufen. Da der Vita-Maxima-Test die ersten Ergebnisse erbrachte wissen wir wo wir ansetzen können.		

3   Trainingsplanung Mesozyklus

3.1   Grobe Planung Mesozyklus

Mesozyklus	
Dauer:	6 Wochen
Trainingszielsetzung:	Grundlagenausdauerentwicklung und Stabilisierung
Gesamttrainingsumfang:	2-3 h/Woche
Trainingsmethoden:	Extensive DM (GA1) Extensive DM (GA 1) Intensive DM (GA 2)
Belastungsintensitäten:	60-75 %/HF (extensiv) 70-85 %/HF (variabel) 80-85 %/HF (intensiv)
Trainingshäufigkeit:	3 mal/Woche
Trainingsdauer:	40-90 min (extensiv) 40-50 min (variabel) 45 min (intensiv)
Vorhergesehene Trainingsgeräte:	Laufband, crosstrainer, fahrrad, ruderergometer, assault bike,skiergometer

3.2   Detailplanung Mesozyklus

Um die richtige Planung des Mesozyklus zu beginnen ist es notwendig die Trainingsintensität und die dazugehörige Herzfrequenz mithilfe einer Formel zu errechnen. Ich habe mich für die Karvonenformel entschieden, da Sie individueller arbeitet. Hier wird mithilfe des Ruhepulses und der maximalen Herzfrequenz gearbeitet um somit die ideale Herzfrequenz für das Training zu ermitteln.

Karvonen Formel:

Thf = (Hfmax – Hfruhe) x Intensität in % + Hfruhe

<u>*Legende:*</u>

Thf = Trainingsherzfrequenz

Hfmax = maximale Herzfrequenz (220- Lebensalter)

Hfruhe = Ruheherzfrequenz

(Hfmax-Hfruhe) = Herzfrequenzreserve

<u>*Beispiel meines Probanden bei einer Belastungsintensität von 70 %:*</u>

(191 S/min – 50 S/min) x 0,7 + 50 S/min = <u>149 S/min</u>

Tabelle 6: Mesozyklusplanung

Woche 1			
Trainingstag:	**Dienstag**	**Donnerstag**	**Samstag**
Trainingsziel	Aufbau G1	Aufbau G2	Rekom
Trainingsmethode	Extensive DM	Variable DM	
Trainingsintensität	60-70 % Hfreserve	60-75 % Hfreserve 60-70% (extensiv) 70-75 % (intensiv)	50-60 % Hfreserve
Trainingsherzfre-quenz	135-149 S/min	135-156 S/min 135-149 S/min (ext.) 149-155 S/min (int.)	121-135 S/min
Trainingsdauer	50 min	40 min (5:5)	40 min
Trainingsgerät	Fahrradergometer	Laufen	Ruderergometer
Woche 2			
Trainingstag:	**Dienstag**	**Donnerstag**	**Samstag**
Trainingsziel	Aufbau G1	Aufbau G2	Rekom
Trainingsmethode	Extensive DM	Variable DM	
Trainingsintensität	60-70 % Hfreserve	60-75 % Hfreserve 60-70% (extensiv) 70-75 % (intensiv)	50-60 % Hfreserve
Trainingsherzfre-quenz	135-149 S/min	135-156 S/min 135-149 S/min (ext.) 149-155 S/min (int.)	121-135 S/min

| Trainingsdauer | 55 min | 45 min (5:5) | 40 min |
| Trainingsgerät | Assault bike | Laufen | Crosstrainer |

Woche 3			
Trainingstag:	Dienstag	Donnerstag	Samstag
Trainingsziel	Aufbau G1	Aufbau G1 u. G2	Aufbau G1
Trainingsmethode	Extensive DM	Variable DM	Extensive DM
Trainingsintensität	60-70 % Hfreserve	60-80 %Hfreserve 60-75% Hfreseve(extensiv) 75-80% (intensiv)	60-70 % Hfreserve
Trainingsherzfrequenz	135-149 S/min	135-169 S/min 135- 156 S/min 156- 163 S/min	135-156 S/min
Trainingsdauer	60 min	60 min (6:4)	40 min
Trainingsgerät	Ruderergometer	Assault bike	Laufen

Woche 4			
Trainingstag:	Dienstag	Donnerstag	Samstag
Trainingsziel	Aufbau G1	Aufbau G2	Rekom
Trainingsmethode	Extensive DM	Intensive DM	
Trainingsintensität	60-70 % Hfreserve	75-85 % Hfreserve	50-60% Hfreserve
Trainingsherzfrequenz	135-149 S/min	156-170 S/min	121-135 S/min
Trainingsdauer	80 min	40 min	45 min
Trainingsgerät	Skiergometer	Fahrradergometer	Crosstrainer

Woche 5			
Trainingstag:	Dienstag	Donnerstag	Samstag
Trainingsziel	Aufbau G1	Aufbau G2	Rekom
Trainingsmethode	Extensive DM	Intensive DM	
Trainingsintensität	60-75 % Hfreserve	75-80 % Hfreserve	50-60 % Hfreserve
Trainingsherzfrequenz	135-156 S/min	156-163 S/min	121-135 S/min
Trainingsdauer	80 min	45 min	50 min
Trainingsgerät	Ruderergometer	Laufband	Crosstrainer

Woche 6			
Trainingstag:	Dienstag	Donnerstag	Samstag
Trainingsziel	Aufbau G1	Aufbau G1 u. G2	Aufbau G1
Trainingsmethode	Extensive DM	Variable DM	Extensive DM
Trainingsintensität	60-70 % Hfreserve	60-80 %Hfreserve 60-70% Hfreseve(extensiv) 70-85% (intensiv)	60-75 % Hfreserve

Trainingsherzfre-quenz	135-149 S/min	135-169 S/min 135- 149 S/min 149- 163 S/min	135-156 S/min
Trainingsdauer	50 min	50 min (4:6)	50 min
Trainingsgerät	Crosstrainer	Laufen	Ruderergometer

3.3   Begründung zum Mesozyklus

3.3.1   Begründung zum Belastungsumfang

Tabelle 7: Wöchentlicher Belastungsumfang

Woche	1	2	3	4	5	6
Anzahl Trainings	3	3	3	3	3	3
Trai-nings-dauer	130 Minuten	140 Minuten	160 Minu-ten	165 Minuten	175 Minuten	150 Minu-ten

Der Kunde hat einen wöchentlichen Verfügungsrahmen von 3/ Woche für jeweils 60 Minuten. Obwohl es besser wäre die Häufigkeit zu erhöhen ist es für ihn leider nicht anders möglich. Daher wurde in dem Plan stetig der Umfang erhöht um den Anpassungsprozessen auch eine Grundlage zu geben. Leider ist es so nur möglich das Minimalprogramm aufgrund des Zeitmangels zu absolvieren (Zintl & Eisenhut, 2001, S. 137). Da der Kunde ein halbes Jahr für seine Ziele Zeit hat, möchte ich ihm die Möglichkeit geben sich noch nicht zu stark zu verausgaben und langsam zur Hochform aufzulaufen damit er auch längerfristig davon etwas hat.

12

3.3.2.1 Extensive Dauermethode (Rekom und Aufbau G1)

Die extensive Methode wurde in diesem Trainingsplan zum Aufbau der GA1 und zur Rekom eingesetzt. Der Kunde hat im Ausdauerbereich bisher noch keinen fortschrittlichen Leistungszustand. Deshalb wird in jeder Woche mindestens eine extensive Methode für die Grundlagenausdauer eingesetzt, damit die Anpassung und der Übergang zur GA2 reibungslos verläuft. Das Ziel liegt vorrangig in der Fettreduktion und in der extensiven Dauermethode dient Fett als Hauptenergielieferant,welches somit unser Ziel begünstigt (Zintl & Eisenhut, 2009, S. 119).

3.3.2.2 Variable Dauermethode (G1 und G2)

Da der Proband auch in Zukunft beim CrossFit sein Bestes geben möchte und das Ziel verfolgt, sich an bestimmte Gegebenheiten schneller anzupassen und mit verschiedenen Intensitäten besser klar zu kommen wurde hier die variable Dauermethode eingesetzt. Sie soll den Kunden auch gleichzeitig an intensivere Belastungen gewöhnen. Die variable Dauermethode hat den Vorteil der extensiven und der intensiven Methode. In der variablen Methode kommt es vorrangig zur Vermischung zweier Methoden die unterschiedliche Belastungintensitäten aufweisen. Bei der variablen Dauermethode kommt es vorwiegend zu Anpassungsprozessen des Herz-Kreislauf-Systems, der Skelettmuskulatur und des vegetativen Nervensystems (Zintl & Eisenhut, 2009, S. 119). Da CrossFit zwischen vielen Übungen hin und herwechselt ist es wichtig den Übergang so perfekt wie möglich zu gestalten. Dies wird hier mit der variablen Dauermethode erreicht.

3.3.2.3 Intensive Dauermethode (G2)

Die Intensive Dauermethode habe ich bewusst in der 4. und 5. Woche gewählt um die GA2 voranzutreiben. Der Kunde weiss durch sein CrossFit Training wie es ist an die Grenze zu gehen und sich stark zu verausgaben. Die Methode besteht aus einem Training zur anaeroben Schwelle hin und hat eine Verbesserung des Vo2-Max-Wertes im Sinn (Zintl & Eisenhut, 2009, S. 119). Im Gegensatz zur extensiven Dauermethode hat die intensive Dauermethode mehr den Willen zur „Performance" denn zur Gesundheit. Da mein Kunde durch seine lange Verletzung nicht mehr an seine Grenzen gegangen ist, wird es Zeit ihm zu zeigen wie schön dies sein kann. Jedoch ist mir auch bewusst, beim Minimalprogramm weniger intensivmethoden einzusetzen als ich dies eventuell tue. Jedoch hat mir der Kunde von seinen früheren Taten erzählt und war Feuer und Flamme als er gefragt wurde, auch mal an die Grenze gehen zu können.

3.3.3 Begründung zur Belastungsprogression

Das Hauptziel dieses Mesozyklus liegt in der Entwicklung der Grundlagenausdauer 1.

Hierbei wurde in allen Mikrozyklen ein Belastungsverhältnis von 2:1 verwendet da der Kunde im Leistungstest nicht als fortgeschritten gilt. Normalerweise besteht die Progression aus Häufigkeit vor Umfang vor Intensität (Zintl & Eisenhut, 2009, S. 17).

Da der Kunde zwecks privater Umstände keine Zeit hat, wird hier nur der Umfang und darauffolgend die Intensität gesteigert. Die ersten beiden Wochen dienen als Einblick und als Startbelastung für die darauffolgenden Wochen. Daher wurde die Startbelastung mit jeweils 130 Minuten in der ersten und 140 Minuten in der zweiten Woche etwas geringer gehalten. In der dritten Woche wird der Kunde auf etwas intensivere Belastungen vorbereitet um in der vierten und fünften Woche jeweils eine intensive Einheit durchzuführen.

Die letzte Woche ist die Woche um die Grundlagenausdauer noch einmal zu festigen und den Kunden durch die variable Methode nochmals die Möglichkeit zu geben intensiv zu trainieren ohne sich zu sehr zu verausgaben.somit gibt es eine stetige und variierende Belastungsprogression.

3.3.4 Begründung der ausgewählten Trainingsgeräte

Für den Kunden ist Bewegung Leben. Da es im CrossFit Bereich sehr viele Bewegungen gibt und der Kunde viele neue Bewegungen schnell erlernen kann ist es mir wichtig so viele Bewegungen wie möglich mit einzubauen. Hierbei wurde vor allem auf das Laufen in variablen und intensiven Dauermethoden Wert gelegt damit er auch genau in dieser Disziplin besser wird um dann den 10 Kilometerlauf erfolgreich absolvieren zu können.

Da es in diesem Ausdauerbereich um die Herzfrequenz geht, ist es sehr wichtig die Übungen so vielfältig wie möglich zu halten. Für die regenerativen und extensiven Methoden wurden Geräte gewählt die auch zum Erlernen neuer Bewegungsmuster geeignet sind wie das Ski erg oder das Assault bike welches oft im CrossFit eingesetzt wird.

3.3.5 Begründung zu den angesteuerten Trainingsbereichen

In diesem Mesozyklus finden sich 3 Ausdauerbereiche:

Tabelle 8: Trainingsbereiche des Mesozyklus (modifziert nach Hottenroth,2006;Neumann et al.,2007)

Art	Rekom-Training	GA1-Training	GA2-Training
Begründung	-Es dient der aktiven Unterstützung der Regeneration -Vorbereitung der Belastbarkeit für darauffolgende Einheiten	-Dient dem Aufbau der Grundlagenausdauer -Steigerung der aeroben Leistungsfähigkeit	-Erhöhung der aerob und aneroben Leistungsfähigkeit

15

4   Literaturrecherche

Für die Literaturrecherche habe ich das Thema: Effekte des Ausdauertrainings bei Übergewicht/Adipositas gewählt. Die Studienparameter habe ich in der nachfolgenden Tabelle aufgelistet.

Tabelle 9: Studienrecherche zum Thema "Effekte des Ausdauertrainings bei Übergewicht/Adipositas"

Studie 1	Studie 2
Titel	**Titel**
Wirksamkeit eines ambulanten Bewegungsprogramms mit adipösen Erwachsenen	Evaluation eines individuellen Bewegungstrainings für übergewichtige und adipöse Erwachsene
Wer war der Durchführende und wann wurde Sie publiziert ?	**Wer war der Durchführende und wann wurde Sie publiziert ?**
(Schaar,2006)	(Thiele,2012)
Mit welchen Versuchspersonen wurde die Studie durchgeführt ?	**Mit welchen Versuchspersonen wurde die Studie durchgeführt ?**
Die Versuchspersonen,bestehend aus einer Experimentalgruppe von 9 Personen(4m,5w) mit einem durchschnittlichen BMI von 36,8± 4,8 kg/m² und einem Durchschnittsalter von 42,9± 13 Jahre sowie die Kontrollgruppe, bestehend aus 8 Personen(3m,5w) mit einem durchschnittlichen BMI von 21,6±1,9 kg/m² und einem Durchschnittsalter von 40,5±13,4 Jahre haben an dieser Studie teilgenommen.	An dieser Studie nahmen insgesamt 89 Personen(31m,58w) in einem Alter von durchschnittlich 46,7±12,1, einer Größe von 172,2±9,1 cm,einem Gewicht von 100,1±21,6 Kilogramm und einem BMI von 33,7± 6,5kg/m² teil.
Wie sah der Versuchsaufbau der Studie aus ?	**Wie sah der Versuchsaufbau der Studie aus ?**
Die Studie erfolgte in einem Zeitraum von 16 Wochen mit Prä-Posttestdesign mit 24 betreuten und 24 nicht betreuten Trainingseinheiten mit dem Schwerpunkt Ausdauerbereich. Vor und nach den 16 Wochen wurden Labortests mit einem Laufband(Hpcosmos saturn),einem Fahrradergometer(ergoline 900EL) sowie mittels Spirometrie(ZAN) angewandt. Während des Programms wurde eine kontinuierliche Gewichtskontrolle per geeichter Waage sichergestellt.Die Studie beinhaltete ein per Herzfrequenz(Polar S610 i) gesteuertes Ausdauertraining mit den Übungen Nordic walking,aquajogging und Fahrradfahren. Trainingsintensität	Diese Studie beinhaltet mehrere aufeinander aufbauende Studien.Diese Studie ist Studie nr. 4 und beinhaltet den Auftrag kardiopulmonale und metabolische Leistungsparameter zu testen.Die Studienzeit belief sich auf 26 Wochen. Die gesamte Gruppe wurde in 2 verschiedene Gruppen aufgeteilt. Eine Gruppe mit Ernährungstraining beinhaltete 45 Personen und die Gruppe ohne Ernährungstraining beinhaltete 44 Personen. Es gab 2 Testzeitpunkte: Vor den Trainingswochen und danach.Die Überprüfung wurde anhand einer Laufband- und Fahrradergometrie durchgeführt. Trainingssteuerung erfolgte durch maximal erreichte Sauerstoffaufnahme und Laktatkonzentration im moderaten aeroben Bereich. Es gab eine

wurde individuell gestaltet und die Trainingshäufigkeit lag bei 3/Woche a` 90 Minuten(60 min Ausdaueranteil).

Studiendokumentation und ein Trainingsmonitoring.Die Probanden hatten die Aufgabe ein 70 minütiges Ausdauertraining 3/Woche mit ensprechender Herzfrequenz zu absolvieren.Stichproben wurden anhand des Ernährungstrainings und der Gesamtstichprobe gebildet.

Ergebnisauswertung

In den 16 Wochen stabilisierte sich der BMI beider Gruppen(Versuchsgruppe: 36,6±4,4 kg/m²)(Kontrollgruppe:21,6±2,3 kg/m²) und die Versuchsgruppe hatte innerhalb der 16 Wochen einen signifikant höheren Grundumsatz. Als Ergebnis der Varianzanalyse unter der Laufbandergometrie(Student-Newmans-Keuls-Test) zeigte sich bei der Versuchsgruppe ein signifikanter zweifacher Interaktionseffekt der Herzfrequenzen zwischen den Haupteffekten „Testzeitpunkt" und „Stufe".Die Herzfrequenzen haben sich bei der Stufengeschwindigkeit 1(1m/s) um durchschnittlich 8,3 Schläge/min von 103,3 ± 17,2 auf 95,0 ± 13,1 Schläge/min und bei der Stufe 2 um 11,7 Schläge/min. Bei der Kontrollgruppe hingegen traten keine Interaktionseffekte auf. Zusammenhangsprüfungen zwischen den erzielten Leistungen bei einer Laktatkonzentration von 2mmol/l und dem BMI bei der Laufbandergometrie bestätigten, je höher der BMI desto geringer die Geschwindigkeit auf dem Laufband.Im Gegensatz zur Kontrollgruppe konnte die Versuchsgruppe bei einer Laktatkonzentration von 2 mmol/l eine signifikant niedrigere Herzfrequenz gegenüber der Kontrollgruppe aufweisen. Zudem hatte die Versuchsgruppe nach der Treatmentphase eine Steigerung der Wattzahl und der Belastungszeiten. Abschließend kann gesagt werden das sich die Ausdauerleistungsfähigkeit in beiden Gruppen erhöht und das Körpergewicht nahezu identisch geblieben ist.

Ergebnisauswertung

Zwischen den Versuchsgruppen mit Ernährungstraining und der Gruppe ohne Ernährungstraining gab es keine signifikanten Unterschiede. Das Training reduzierte unabhängig vom Ernährungstraining und dem Body Mass Index das Körpergewicht um rund 3,8% und das Körperfett um rund 7,3 Prozent bei stabilem Grundumsatz.Leistungssteigerungen waren in der Spiroergometrie auch zu erkennen.

Schlussfolgerung

Ausdauertraining hat kaum bis gar keinen Einfluss auf Verringerung das Körpergewichtes. Ausdauertraining führt zu einer Steigerung der Leistungsfähigkeit unabhängig des Körpergewichtes.

Schlussfolgerung

Bewegung entwickelt negative Energiebilanzen,die zu gleichzeitigem Körpergewichtsverlust führt. Regelmäßige Bewegung stabilisiert den Grundumsatz und die Muskelmasse. Gleichzeitig senkt es den Körperfettanteil.

5   Literaturverzeichnis

Gallagher, D., Heymsfield, S.B., Heo, M. et al (2000) Healthy percentage body fat ranges: an approach for developing guidelines based on body mass index. Am. J. Clin. Nutr. 72(3): 694-701

Janssen, Peter G. J. M.; Weineck, Jürgen (2003): Ausdauertraining. Trainingssteuerung über die Herzfrequenz- und Milchsäurebestimmung. 3., überarb. und erw. Aufl. Balingen: Spitta-Verl.

Kindermann, W. (1987). Ergometrie-Empfehlungen für die ärztliche Praxis. Deutsche Zeitschrift für Sportmedizin, 38, S. 244-268.

Löllgen, Herbert; Erdmann, Erland; Gitt, Anselm K. (Hg.) (2010): Ergometrie. Belastungsuntersuchungen in Klinik und Praxis ; mit 178 Tabellen. 3., vollst. überarb. Aufl. Heidelberg: Springer Medizin.

Moos-Thiele, Corinna Kathrin (2012): http://esport.dshs-koeln.de/337/ Evaluation eines individuellen Bewegungstrainings für übergewichtige und adipöse Erwachsene. Zugl.: Köln, Dt. Sporthochsch., Diss., 2011. Lehmanns Media, Berlin

Schaar, B., Thiele, C., & Moos, J. (2006). Wirksamkeit eines ambulanten Bewegungsprogramms mit adipösen Erwachsenen. in A. Ferrauti, & H. Remmert (Hrsg.): Trainingswissenschaft im Freizeitsport: Symposium der dvs-Sektion Trainingswissenschaft vom 7.-9. April 2005 in Bochum Czwalina. (Schriften der Deutschen Vereinigung für Sportwissenschaft; Band 157).

Weineck,J. (2003). Ausdauertraining. Trainingssteuerung über die Herzfrequenz und Milchsäurebestimmung. Balingen: Spitta

Zintl, Fritz; Eisenhut, Andrea (2009): Ausdauertraining. Grundlagen, Methoden, Trainingssteuerung. 7., überarb. Aufl., Neuausg. München: blv (BLV Sportwissen).

6 Abbildungs- und Tabellenverzeichnis

6.1 Tabellenverzeichnis

Tabellenverzeichnis